Hechizos de Amor

Hechizos

de Amor

Recetas y elixires afrodisíacos para seducir y enriquecer
tu vida amorosa

Francis Melville

BARRON'S

Toda indagación debe dirigirse a:
Barron's Educational Series, Inc.
250 Wireless Boulevard
Hauppauge, NY 11788, USA.
http://www.barronseduc.com

Número Estándar Internacional de Libro
0-7641-5475-3

Tarjeta de Catálogo de la Biblioteca del Congreso
2001093224

QUAR.LOPO

Concepción, diseño y producción de Quarto
Publishing plc
The Old Brewery
6 Blundell Street
London N7 9BH

Director: Steffanie Diamond Brown
Editor/diseñador artístico: Julie Francis
Redactor: Claire Waite
Fotógrafo: Will White
Estilista: Lindsay Phillips
Ilustrador: Elsa Godfrey
Corrector de pruebas: Neil Cole
Indexación: Dorothy Frame
Director artístico: Moira Clinch
Editor: Piers Spence

Fabricado por Regent Publishing Services Ltd.,
Hong Kong
Impreso por Midas Printing Ltd., China
987654321

CONTENIDO

ïntrodUccíón

La búsqueda del amor es la preocupación más universal de la humanidad. Para artistas y poetas, la unión extática de dos personas enamoradas siempre ha sido la meta más elevada de la existencia terrenal; es, además, tema de mitos y leyendas, y el mayor obsequio de los dioses o, mejor dicho, de las diosas, porque la principal divinidad del amor es una diosa.

La diosa del amor

Los griegos la llamaron Afrodita; los romanos, Venus. Es la divinidad de todos los aspectos del amor humano, desde el más carnal al más espiritual. Exalta los gozos del sexo y lo considera un acto sagrado que requiere la conjunción total de las energías masculina y femenina.

Conectarse con la diosa

Hacer el amor es la mayor celebración del regalo de la vida. Para conseguir el cenit de las relaciones amorosas necesitamos que el cuerpo, el corazón y el alma estén en condiciones óptimas. Si aparece una disfunción o una falta de deseo, hemos de buscar una solución. Los afrodisíacos son unos remedios que deben su nombre a la diosa del amor. Se trata de alimentos especiales, plantas o pociones que nos vuelven a conectar con ella. Tal vez el afrodisíaco más básico sea el agua, pues es de donde surgió Afrodita. Su nombre significa «de la espuma» y sobre ella Homero escribió el texto que sigue:

... la más magnífica y más encantadora diosa surgió de la espuma.
Hierbas fragantes brotaron desde sus pies descalzos.
Y así enguirnaldada nació de la espuma.
Dioses y mortales la llamaron Afrodita.
Aquella que surgió de la espuma.

6

La fuente de la vida

El agua es la fuente de todas las cosas, el fluido esencial de la vida. Beber agua en abundancia es la primera norma para mantener la salud, seguida de una buena alimentación. Los afrodisíacos más simples son los alimentos sagrados para Venus/Afrodita: el marisco y muchos de los vegetales y frutas más sabrosos. Incluir estos alimentos en la dieta diaria es la clave para estar en forma y preparado para el amor.

Hierbas mágicas

Para familiarizarnos con el tema, podemos hacer uso de las *hierbas fragantes* que, según Homero, nacieron con la diosa. Su utilización aparece mencionada en textos muy antiguos. El siguiente fragmento hace referencia a la soma sagrada de los textos védicos hindúes.

Hemos bebido la soma.
Hemos conseguido la inmortalidad.
Hemos alcanzado la luz.
Hemos encontrado a los dioses.
Rig-Veda

Sabemos que la soma es algún tipo de planta; los textos antiguos cuentan incluso cómo preparar pociones para lograr una unión extática con los dioses, pero ya hace tiempo que se desconoce de qué planta se trata. Puede que incluso haya desaparecido, pues muchos afro disíacos fueron recolectados hasta su total extinción. Un ejemplo es el satirión, el afrodisíaco men- cionado por los

poetas griegos y romanos. En su novela *El satiricón* Petronio escribió:

Vimos en los aposentos a personas de ambos sexos,
comportándose de tal forma que bien seguro
debían de haber bebido satirión.

Plantas beneficiosas

Los afrodisíacos actúan de diversas formas. Algunos influyen en los procesos metabólicos; otros son tónicos que fortalecen ciertos órganos; varios de ellos afectan al sistema reproductivo, aumentando la fertilidad y la salud de los órganos sexuales, y algunos más influyen en nuestros sentidos a través de aromas embriagadores o deleitando nuestro paladar. El grupo más apreciado de afrodisíacos tiene una acción directa sobre la libido, puede provocar deseo y mejorar la actividad sexual.

Un viaje de iniciación

El desarrollo del interés por los afrodisíacos puede convertirse en un viaje de descubrimiento fascinante, que nos llevará a los lugares más recónditos de nuestra intimidad. Será la iniciación al conocimiento de nuestros deseos. No sólo es importante aprender qué plantas y alimentos tienen propiedades afrodisíacas, sino también averiguar cuáles se adaptan mejor a nuestras necesidades, gustos y deseos.

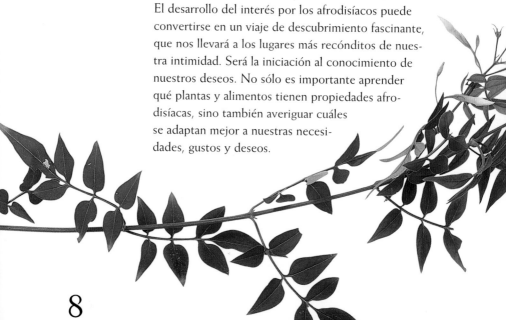

Revelación y descubrimiento

Mientras leas este libro, te sorprenderá comprobar que muchos de tus aceites esenciales, alimentos, plantas, flores y especias favoritos tienen propiedades afrodisíacas. Aprende a usar estos dones naturales para aumentar tu sensualidad. Así harás crecer tus instintos creativos y llegarás a la plenitud espiritual y sensual. Recuerda siempre que el mayor afrodisíaco eres tú mismo: tu imaginación, apreciación y capacidad de amar. Es tu presencia la que da vida a hechizos y pociones.

Algunos consejos

Según el gran físico y alquimista Paracelso: «Todo es veneno». Nada es veneno". En demasía, cualquier producto puede ser nocivo. Algunas sustancias mencionadas en este libro pueden resultar perjudiciales para la salud si se toman en exceso durante demasiado tiempo, o si se mezclan con otras sustancias, con alcohol o drogas. Aunque aparezcan indicaciones al respecto en algunos apartados, consulta al médico si tienes alguna duda. Para preparar las recetas de este libro, asegúrate de lavarte bien las manos y los diversos utensilios con agua fresca. Para más información sobre ingredientes poco comunes, usa el directorio de plantas (página 122).

capítulo uno

El Templo del
DEL

Amor

Para ser capaces de amar, primero
debemos apreciar el hecho de estar
vivos. Si cuidamos el cuerpo nos
sentiremos más cómodos en nuestra
propia piel y más seguros de nuestro
poder de atracción.

Cuando estemos listos, podremos
decidir a quién dirigir nuestro amor.
Los hechizos y rituales siguientes te
ayudarán a preparar la bienvenida
a tu amante.

Hechizo de la Trinitaria

Rocía los párpados de tu amado con esta pócima y será tuyo para siempre

Necesitarás

trinitaria en flor

aceite de semillas de uva o girasol

mortero

tarro de cristal

botella esterilizada

La trinitaria o pensamiento silvestre siempre se ha asociado con el amor. Según la leyenda, la flor era originariamente blanca, pero cuando una de las flechas de Cupido la atravesó, la herida la tiñó de color púrpura.

Su uso en hechizos de amor es mencionado por muchos poetas famosos, entre otros por William Shakespeare en «El sueño de una noche de verano» cuando Oberón, el rey de los duendes, necesita su poder. Oberón humedece los párpados de Titania con unas gotas del jugo de esta flor, para que se enamore del primer ser que vea al despertarse. Así, Titania se enamora locamente de Bottom, el tejedor, un palurdo que a su vez ha sido embrujado y lleva una cabeza de asno.

Para poder utilizar este hechizo, la situación tiene que ser especialmente propicia; por si acaso, asegúrate de tener siempre a mano un frasco de zumo de trinitaria.

Preparación

Recolecta pensamientos en flor en un día soleado. Machácalos en un mortero junto con semillas de uva o girasol. Vierte la mezcla en el tarro y déjala en un lugar cálido durante dos semanas. Cuélala entonces en la botella. Se conserva durante un año.

Sueños de Laurel

*Para soñar con el amor
que tienes predestinado*

Necesitarás

hojas de laurel

alfileres

El arte de la premonición —el intento de ver el futuro— ha suscitado gran interés en muchas culturas de todos los tiempos, particularmente en el Viejo Mundo. Los celtas y los nativos americanos, por ejemplo, creían que la naturaleza era su guía personal y que, mediante el uso ritual de ciertas hierbas o piedras, los espíritus podían introducirse en sus cuerpos y guiarlos a través de sueños y visiones. Una de las plantas que se ha usado con este fin durante miles de años en Europa es el laurel, que se emplea en muchas recetas culinarias. La hoja de laurel tiene cualidades excitantes y narcóticas e incluso era usada para tratar la histeria. También se utiliza para inspirar sueños visionarios en los que aparece la persona amada que nos depara el destino. Éste es un ritual europeo para la víspera de San Valentín, que nos permite soñar con el objeto de nuestro deseo.

Preparación

Prepara un té con hojas de laurel y viértelo en el agua del baño caliente que tomarás por la noche. Relájate durante diez minutos, concentrándote en tu amor. Con calma, sal del baño y vístete con un pijama limpio. Ensarta una hoja de laurel en cada esquina de la almohada y pon una quinta hoja debajo de ésta. Métete en la cama recién hecha y repite el siguiente verso antes de dormirte:

*San Valentín, seas loado
y permíteme ver en sueños a mi amado.*

FUEGO MÁGICO
CON VERBENA

*Llama a los elementos para encender
la pasión de la persona amada*

NECESITARÁS

verbena seca

papel marrón

pluma

fuego

Valerse del fuego para sellar conjuros escritos es una práctica habitual de magia en muchas partes del mundo. Ello se debe, en primer lugar, a que los hechizos escritos o recitados son más poderosos y, si además los quemamos, el humo lleva el deseo al mundo espiritual haciéndolo más efectivo. Para aumentar el poder de un hechizo de amor, primero toma un baño de verbena (ver «Baño de dulces sueños», página 18) y, mientras te relajas en el agua caliente, piensa intensamente en tu deseo.

PREPARACIÓN

Con una pluma (que representa el elemento agua) escribe tu deseo en un papel marrón (tierra), mientras pronuncias las palabras en voz alta. Envuelve con el papel un brote seco de verbena, la cual actuará como mediadora de su dueña, Venus. Prepara un fuego y, cuando arda, repite estas palabras mientras miras hacia el este: «Saludo al este y a los espíritus del aire». Recita tu deseo y di «Así sea». Después, orientado hacia el sur, repite: «Saludo al sur y a los espíritus del fuego» y continúa el proceso mirando hacia el oeste y saludando a los espíritus del agua. Finalmente, mira hacia el norte y di: «Saludo al norte y a los espíritus de la tierra». Con cuidado, deposita tu deseo en el fuego mientras lo recitas en silencio. Contempla cómo las llamas consumen tu deseo mientras el humo lo eleva hacia el cielo. Da las gracias a los cuatro puntos cardinales y a sus elementos por su ayuda.

Baño de Dulces Sueños

Prepara tu cuerpo y tu alma
para soñar con tu amor

Necesitarás

verbena seca

una bolsita
de muselina

Un baño prolongado en agua caliente es perfecto para aclarar la mente y purificar el cuerpo que tradicionalmente se añadía al baño es la verbena Una flor silvestre. Bajo el poder de Venus, la verbena se consideraba un afrodisíaco y era usada en diversas pociones. Los magos creían que fortalecía sus conjuros y la gente del campo la utilizaba para provocar sueños y con la esperanza de hacer realidad sus deseos. En medicina, alivia el insomnio y calma los nervios, relajando tanto el cuerpo como la mente. Si añadimos todas estas cualidades a una poción, ésta puede inspirar sueños de amor. El siguiente ritual se realizará en viernes, día consagrado a la diosa Venus.

Preparación

Introduce un puñado de verbena seca en la bolsa de muselina y átala al grifo de la bañera, de manera que el agua la atraviese al caer. Llena el baño, desconecta el teléfono y sumérgete en el agua caliente. Empezando por los dedos de los pies, relaja a conciencia todas las partes del cuerpo. Vacía tu mente y permite que la verbena penetre por tus poros. Gracias a esta hierba sagrada, te sentirás completamente purificado y preparado para recibir una visión de Venus, diosa del amor. Sécate lentamente y con cuidado, ponte tu pijama favorito y métete en tu cálida cama. No tengas prisa en quedarte dormido; piensa en lo bien que te sientes mientras se te cierran los ojos. ¿Quién sabe lo que te será revelado?

Lecho de Rosas

*Un ritual para forjar
una unión verdadera*

Necesitarás

una rosa roja

una rosa blanca

un anillo de oro

un anillo de plata

un anillo de cobre

La rosa es el símbolo del amor y sus diferentes colores significan distintos estados: el blanco, pureza virginal o amor platónico; el rojo, amor apasionado. La rosa se asocia también al vino, la sensualidad y la seducción. Como emblema de Venus y Afrodita, representa el amor, la vida, la creación, la fertilidad y la belleza. Los recién casados romanos eran coronados con rosas, al igual que las estatuas de Venus, Cupido y Baco. La rosa roja y blanca juntas representan la unión del fuego y el agua, de los principios masculino y femenino. Utiliza este sencillo ritual para forjar una unión entre un hombre y una mujer.

Preparación

Usa los capullos de una rosa blanca que empiecen a abrirse. Mantén los tallos unidos mientras deslizas el anillo de oro desde abajo (el oro es el metal del sol, el principio masculino). A continuación, desliza el anillo de plata (la plata es el metal de la luna, el principio femenino), y finalmente el de cobre (el cobre es el metal de Venus, tanto del planeta como de la diosa, quien ayuda a la unión de la pareja). Coloca las rosas «casadas» sobre la almohada de una cama recién hecha. Pide en un deseo que la pareja representada por las rosas se haga realidad. Si las rosas se mantienen frescas por la mañana, se cumplirá tu deseo.

Sueño de Milhojas

*Conjuro para ayudarte a soñar
una visión de tu futuro amor*

Necesitarás

milhojas en flor

paño

aguja e hilo

La milhojas se ha utilizado por varias civilizaciones a lo largo de la historia. En la antigua China, arrojaban ramas de milhojas para «leer las runas», mientras consultaban el «I Ching», su libro de adivinación. Esta práctica sigue aún vigente. El que la cultura europea utilice esta hierba del mismo modo, es uno de esos misterios del hombre y la naturaleza, y la respuesta más obvia es que la hierba no fue escogida al azar sino que posee realmente propiedades mágicas.

Aquí tienes una receta tradicional para identificar el amor de tus sueños.

Preparación

Recolecta milhojas en flor un viernes por la mañana, cuando el rocío se haya evaporado, y cósela en un saquito. Colócalo debajo de la almohada y antes de dormirte recita estas palabras:

*Planta preciosa del árbol de Venus, milhojas de nombre sagrado:
haz que en mis sueños vea a aquel que será mi amado.*

Cuando te despiertes, sabrás quien te está destinado.

PIE DE LEÓN

*Bálsamo para ensalzar
el don de la feminidad*

NECESITARÁS

60 g de pie
de león

1/2 l de coñac
o vodka

60 g de valeriana
americana

mortero

jarra de vidrio

botella de vidrio

Por su gran cantidad de cualidades medicinales para la salud femenina, el pie de león es comúnmente conocido como «el mejor amigo de la mujer». Está gobernado por Venus, la diosa del amor, y debe su nombre a la forma de sus hojas, plegadas y hendidas en cinco lóbulos dentados. Es una planta excelente en el campo de la ginecología. Se utiliza para tonificar el sistema reproductivo, aliviar el dolor de la menstruación y paliar algunos síntomas de la menopausia. En combinación con la valeriana americana, puede calmar los estados de ansiedad. La valeriana americana está gobernada por Sirio, una estrella conectada íntimamente con Isis, la diosa madre de Egipto. La combinación de las dos plantas ayuda a ensalzar la feminidad.

PREPARACIÓN

Recolecta pie de león y valeriana americana una soleada mañana de un viernes de la luna creciente, cuando las plantas estén empezando a florecer. Déjalas secar a la sombra y, el viernes siguiente, redúcelas a polvo. Coloca las hierbas en polvo en la jarra de vidrio y cúbrelas con coñac o vodka. Sella la jarra y guárdala en un lugar cálido y oscuro durante dos semanas. Por último, cuela la poción en la botella de vidrio. Para aliviar los síntomas tanto de la menstruación como la menopausia, toma 5 ml de la poción tres veces al día. También calmará tus nervios.

Hoja de Plata

*Loción curativa para una piel
sana y bella*

Necesitarás

30 g de raíz fresca
de hoja de plata

250 ml de agua

15 g de manteca
de cacao

45 ml de aceite de
germen de trigo

30 ml de aceite de
hoja de prímula

10 g de cera de abeja

5 g de miel

aceites esenciales
de incienso
y mirra

esencia de perfume de
rosa, ylang-ylang o
jazmín

botella de cristal
oscuro

La hoja de plata (*Stillingia sylvatica*) se importó a Europa desde el Nuevo Mundo. Recibió este nombre por sus múltiples aplicaciones en productos para el cuidado de la piel. El maquillaje con base de plomo que estuvo de moda en el siglo XVIII causó estragos en los rostros de las mujeres, y muchas de ellas utilizaron esta planta para tener un aspecto más saludable. Su poder está en la raíz, y funciona mejor cuando está fresca. Ésta es una receta para una loción corporal curativa y regeneradora.

Preparación

Corta finamente la raíz de hoja de plata y hiérvela durante 10 minutos en agua. Cuela la raíz y reduce el líquido. Déjalo enfriar. Coloca la manteca de cacao, el aceite de germen de trigo y el de hoja de asno en un cuenco. Llena una sartén con agua, caliéntala y disuelve en ella la cera de abeja junto con la miel. Agrega a cucharadas el agua de hoja de plata y bate la mezcla. Añade cinco gotas de aceite esencial de incienso, cinco más de mirra y cinco de esencia de rosa, ylang-ylang o jazmín. Mézclalo todo bien y viértelo en la botella de cristal oscuro. Esta poción se conserva durante un mes en el refrigerador.

El Templo exterior

*Limpia y purifica el
templo exterior de tu amor*

Necesitarás

*salvia, cortada en
trozos de 15 cm*

lana de color roja

Tu hogar es el templo exterior de tu amor, tu espacio sagrado, y por lo tanto, debería ser lo más positivo y vital posible. La energía debe fluir libremente, y por ello es necesario hacer desaparecer el desorden y eliminar el polvo. No retengas aquellas pertenencias que ya no sean útiles, pero cuida todas las cosas que amas y que te permiten vivir con el confort requerido. Una vez hayas hecho limpieza general, puedes purificar también la energía de tu hogar. En un día de brisa suave, ahuyenta las energías estancadas y los malos espíritus de cada rincón de la casa con humo purificador. Cuando la hayas fumigado entera, abre todas las puertas y ventanas y deja que tu casa se llene con aires de nuevas promesas. Respira a fondo el aire fresco y siente el cambio de energía. Ésta es una receta para preparar el humo purificador.

Preparación

Recoge un poco de salvia justo antes de que florezca, y cuélgala para que se seque. Ata diversos brotes con lana roja. El rojo es el color del sur y del fuego, el elemento purificador. Empieza a atar la parte baja del tallo y ves enrollando la lana hasta que quede a un par de centímetros de las hojas; luego vuelve a bajar. Para usar el humo purificador, prende las hojas y apaga enseguida la llama; el humo perfumado inundará toda la casa.

El Mundo del Amor

*Un ritual para
vislumbrar tu futuro amor*

Necesitarás

hierba de París

*pañuelo de lino
blanco*

*fósforos
o encendedor*

La hierba de París es una planta inusual que crece en el norte de Europa. Sus hojas tienen forma de nudo del amor, y de ahí su nombre más común «nudo del amor verdadero». Sus semillas y bayas poseen efectos narcóticos semejantes a los del opio. En dosis grandes, puede ser venenosa, pero en cantidades pequeñas, fue considerada un antídoto de la peste. Dada su toxicidad, no es recomendable su uso en una poción del amor, pero podemos utilizar sus poderes en el campo de la adivinación.

Preparación

Siéntate silenciosamente en una habitación desde la medianoche hasta la una de la mañana, solo o acompañado de otra persona. Durante esa hora, arranca de tu cabeza un cabello por cada año que hayas cumplido y deposítalos sobre el pañuelo de lino blanco junto con un tallo de hierba de París. Cuando haya transcurrido la hora, quema cada uno de los cabellos por separado mientras recitas:

*Ofrezco este sacrificio
a aquel (aquella) que mis sueños desean.
Le pido que venga a mí
para que mis ojos lo (la) vean.*

Tu futura pareja deberá aparecer antes de que hayas quemado el último cabello. Si te encuentras acompañado de otra persona, ésta no será capaz de ver tu visión ni tú la suya.

El Altar del Amor

*Un regalo sensual para tu
cuerpo, el altar de tu amor*

Necesitarás

aceite de oliva

*aceites esenciales de
incienso y mirra*

Nuestro cuerpo es nuestro mejor aliado y amigo, y nos protege el corazón, el espíritu y el alma. Los antiguos creían que somos un microcosmos, un reflejo del universo. A veces podemos mirarnos en el espejo y no estar conformes con lo que vemos, pero debemos aceptarnos como somos y sentirnos bien con nosotros mismos. Nuestro amor empieza en el momento en que adquirimos conocimiento de nuestros sentidos. La siguiente receta es un modo sencillo y eficaz de revitalizar el respeto por nuestro cuerpo, el altar de nuestro amor.

Preparación

Apreciar algo es valorarlo, dar gracias por tenerlo, comprenderlo y tener un gran conocimiento sobre ello. Éste es el proceso para revalorizarnos a nosotros mismos. Cada uno de nuestros sentidos es un regalo único, cada dedo de la mano, del pie, cada miembro del cuerpo. Con un poco de aceite perfumado con incienso y mirra, podemos reafirmarnos como si fuésemos objeto de nuestro propio culto. Aplica la loción a todo tu cuerpo, de la cabeza a los pies, destinando el tiempo necesario a cada zona. Cuando hayas terminado, tendrás una nueva apreciación de tu persona y, lo que es más importante, aprenderás a tener una relación íntima con tu mejor amigo: tú mismo.

El Santuario Interior

*Seduce y enamora a tu pareja
en tu santuario sensual interior*

Necesitarás

*aceites esenciales
de naranjo amargo,
rosa, jazmín, madera
de sándalo,
ylang-ylang*

quemador de incienso

Tu dormitorio es la cámara del amor, donde recibes a tu amado y le invitas a compartir tus placeres más íntimos. Por ello, es necesario que expreses todos los matices de tu amor y el alcance de tus deseos. El arte de la seducción implica combinar las texturas perfectas de luz, temperatura y aroma para obtener una atmósfera sensual. Colores ricos y oscuros junto con telas pesadas pero suaves, crearán un ambiente adecuado. Las flores frescas añaden belleza y vitalidad. Los ornamentos pueden ser táctiles, simbólicos, simples o sofisticados. No hay nada más tentador que una cama grande, sólida y confortable con sábanas y colchas exquisitas. Si no dispones de una cama, tienes la opción de usar un colchón cubierto con satén y terciopelo y unos almohadones blandos. No olvides el suelo: una moqueta suave y blanda puede añadir una dimensión extra a tus opciones. La habitación debe estar aireada, pero ligeramente perfumada. Para lograr una fragancia sensual y delicada, prueba esta mezcla de aceites esenciales.

Preparación

Combina dos gotas de esencia de flor de naranjo amargo, tres gotas de esencias de rosa, jazmín y madera de sándalo y cuatro de ylang-ylang. Añade un poco de agua a la mezcla y colócala en un quemador de incienso. Los diferentes aromas se dispersarán creando en toda la habitación un ambiente seductor.

El templo sagrado

Me quiere, no me

En el folklore europeo, muchas plantas y flores se han utilizado para predecir el futuro en el campo del amor. Hasta el día de hoy, casi todos los niños concocen el juego de la margarita, en el que se arrancan los pétalos uno a uno mientras se recita alternativamente: «Me quiere, no me quiere».

QUIERE

Las flores del amor

Las flores que se usan para averiguar si nuestro amor nos corresponde incluyen primaveras, telefio, campanillas azules y amapolas. Si una mujer joven coloca en su regazo una primavera y ésta se marchita, sabrá que su amor le es infiel. Los poderes del telefio en asuntos del amor se utilizan de un modo similar. En la noche de San Juan, si una chica quiere conocer cuáles son los sentimientos de su amado, deberá recoger dos plantas de telefio y colocarlas sobre una tabla de madera. Si florecen, su amor es correspondido, pero si se secan, tendrá alguna decepción. Si uno es capaz de hacer girar del revés una campanilla azul sin romperla, su amor le es fiel, pero cuidado, es muy difícil conseguirlo. Si se arrugan hojas de amapola en tu mano y logras que crujan, te esperará el amor.

Bodas

El romero tiene un lugar especial en el rito del matrimonio. Era costumbre que la mujer obsequiara a su futuro marido con un ramo de romero atado con lazos a su llegada a la iglesia. También debía formar parte del ramo de la novia y, una vez celebrada la boda, debía plantarse un brote de este romero en la nueva casa de la pareja para poder proporcionar ramos de esta planta en las bodas de la futura descendencia.

capítulo dos
LOS SECRETOS DE AFRODITA

El uso de plantas exóticas como afrodisíacos es una tradición universal. Alimentos como las ostras o los higos también se consideran afrodisíacos. Algunos tienen formas sugerentes, otros son poderosos símbolos y unos cuantos tienen poderes específicos. Muchos afrodisíacos están rodeados de leyendas, mientras que otros han sido científicamente estudiados. Todos ellos pueden ayudarnos a explorar los placeres del amor.

ENSALADA DE FRUTAS

*Una ensalada llena de frutas
sensuales y deliciosas*

NECESITARÁS

selección de tus
frutas preferidas

media lima

glucosa (azúcar frutal)

yogur

miel espesa

piñones

Desde que Eva tentó a Adán con una manzana, las frutas maduras y jugosas poseen algún tipo de connotación sexual. Algunas tienen fama de ser afrodisíacas o se usan como símbolos eróticos, como el melocotón, los higos frescos, los plátanos, las cerezas y los mangos. Estas frutas contienen importantes cantidades de feniletilamina, una hormona que se genera durante el acto sexual. Aparte de su sabor y textura maravillosos, a los mangos se les atribuyen propiedades afrodisíacas. Los plátanos son obviamente un simbolo fálico y los higos y melocotones son altamente sugestivos. Uno de los pasatiempos de Venus y Eros consistía en intercambiar besos de mango y melocotón o observar cómo el objeto de su deseo devoraba una fruta jugosa. Una de las formas de combinar todos los placeres de la fruta consiste en hacer una ensalada. Aquí encontrarás una receta que incluye miel, piñones y yogur, ingredientes que aparecen en el manual árabe del amor «El jardín perfumado».

PREPARACIÓN

Corta una selección de frutas frescas en dados o rodajas. Añade el jugo de media lima y mézclalo todo en un cuenco. Espolvoréalo ligeramente con glucosa y déjalo enfriar durante una o dos horas. La glucosa extraerá algo del jugo de la fruta. Añade la cantidad de yogur que desees y vierte encima un poco de miel espesa. Agrega, por último, los piñones y prepárate para disfrutarlo.

Damiana

*Una poderosa poción para curar la frigidez
y derretir el corazón de tu amor*

Necesitarás

*15 g de hojas de
damiana*

*15 g de bayas de
palma de abanico en
polvo*

*15 g de avena
silvestre*

15 g de miel

1/2 l de agua

La damiana o turnerasia (*Turnera diffusa*) es una planta con flores procedente de Méjico, que recibe su nombre de San Damián, patrón de los farmacéuticos. Fue usada por las culturas precolombinas, por mayas y aztecas, como afrodisíaco y remedio para el asma, aunque su fama se ha extendido por el mundo gracias a sus propiedades afrodisíacas. Tradicionalmente era usada como remedio para la frigidez femenina y la impotencia masculina, ya que activa y tonifica el sistema reproductivo de ambos sexos. También se ha empleado en prácticas de sexo tántrico, en rituales de ciertos grupos ocultos que han ido floreciendo desde el siglo XIX. Para obtener mejores resultados, la damiana debe emplearse con moderación y durante un período de tiempo razonable (máximo dos meses). Es mejor usarla en luna creciente y no exceder nunca las dosis indicadas, pues puede perjudicar el hígado. La damiana suele tomarse de diversas formas: fumada, macerada en alcohol o en cápsulas, donde se mezcla con avena o bayas de palma de abanico. También puede hacerse una infusión con ella. La siguiente fórmula es válida tanto para hombres como para mujeres.

Preparación

Coloca las hojas de damiana, las bayas y la avena silvestre en una sartén. Añade agua y miel y hiérvelo todo a fuego lento durante cinco minutos. Divide la mezcla en tres dosis y tómalas por la mañana, al mediodía y por la noche.

Sauzgatillo

*Excita tu pasión y
estimula a tu amor*

Necesitarás

*5 g de bayas maduras
de sauzgatillo*

miel (opcional)

El sauzgatillo o agnocasto es un arbusto aromático con hojas palmeadas, espinas y flores liláceas. Sus pequeñas bayas tienen fama tanto de estimular como de reducir el deseo sexual. El gran médico romano Dioscórides relata que durante el transcurso del festival griego conocido como Tesemoforia, mujeres casadas se rebelaban contra sus maridos al sembrar el lecho con bayas de agnocasto para desalentarlos.

También cuenta la leyenda que las sacerdotisas de los templos romanos y griegos tomaban estas bayas con el fin de disminuir el deseo. Sin embargo, recientemente se ha descubierto que en las mujeres provocan el efecto contrario. En el sur de Europa, su lugar de origen, tienen una reputación consolidada como afrodisíaco femenino. Parece que la planta corrige disfunciones hormonales y mantiene la libido en niveles óptimos. El sauzgatillo puede usarse durante largos períodos, pero cantidades excesivas provocan desórdenes nerviosos.

Preparación

Vierte agua hirviendo sobre una cucharada de bayas de sauzgatillo. Deja que se empapen durante diez o quince minutos y bebe el líquido con un poco de miel, en ayunas, por la mañana, y dos veces más durante el día. La infusión tiene un fuerte sabor dulce y amargo a la vez.

ZARZAPARRILLA

Un tónico delicioso y refrescante para atraer
el corazón de la pareja que deseas

NECESITARÁS

30 g de
zarzaparrilla

30 g de azafrán

30 g de ginseng

3 l de agua

225 g de miel o
azúcar

5-10 g de levadura
de panadero o de
cerveza

botellas

tapones de corcho

Los indígenas de América han usado las raíces de la
zarzaparrilla durante siglos para curar la debilidad y
mejorar la actividad sexual. Esta planta contiene
hormonas sexuales, como testosterona y progesterona, y
componentes químicos que intervienen en la acción de estas
hormonas. Hay muchas variedades de zarzaparrilla; la que
posee las raíces de color más oscuro es la mejor considerada.
Una forma agradable de tomarla es fabricar una cerveza
de raíces que lleve además ginseng y azafrán. El azafrán
es considerado una medicina sagrada por los nativos
de Norteamérica y se venera como árbol del amor. En esta
receta ayuda a mejorar los efectos de la zarzaparrilla
y le añade un sabor delicioso, mientras que el ginseng
aumenta los efectos tonificantes.

PREPARACIÓN

Hierve la zarzaparrilla, el azafrán y el ginseng durante veinte
minutos. Cuela la mezcla y agrega miel o azúcar. Déjala enfriar.
Añádele la levadura, tápala y déjala en una habitación templada.
Después de dos horas, deben formarse unas pequeñas burbujas,
que indican que la fermentación ya ha empezado.
Decanta la mezcla en las botellas y tápalas. Almacénalas en un
lugar frío o en el refrigerador. Espera un día antes de
beber el tónico.

Ensalada de la Pasión

*Una selección lujuriosa de
hortalizas con gran potencial erótico*

Necesitarás

selección de
hortalizas para
ensalada

vinagreta

albahaca fresca

pan de ajo

queso de cabra

piñones tostados

tallos de apio

Para muchos amantes, una comida en común es toda una experiencia erótica. Una cita romántica implica, pues, una buena comida como preludio de otros placeres. Todas las verduras están repletas de vitaminas y minerales y, por lo tanto, representan una forma rápida de recargar nuestras energías. Además, muchas de ellas tienen la fama de aumentar la libido, bien por su forma sugestiva o por su composición química.

El hinojo, en particular, se ha usado desde la antigüedad como estimulante erótico, y no únicamente por su forma bulbosa. Los aguacates, las alcachofas, la lechuga, las endibias, los puerros, los tomates, las cebollas y el ajo, todos tienen gran reputación como estimulantes eróticos y se ha descubierto recientemente que el apio ayuda a segregar hormonas sexuales. Las legumbres y las setas, especialmente las trufas, también son muy apreciadas. La mejor forma de tomar estos alimentos es cuando están crudos en una ensalada.

Preparación

Prepara una selección de tus hortalizas favoritas, colócalas en un cuenco y alíñalas con una vinagreta. Añade cualquiera de los siguientes productos: albahaca fresca, queso de cabra, a dados o rayado, o piñones tostados. Sirve la ensalada con pan de ajo y tallos de apio. Comenta a tu acompañante las propiedades de los diferentes ingredientes.

Ying Yang Huo

Esta antigua hierba china tiene poderes afrodisíacos extraordinarios

Necesitarás

60 g de *Epimedium sagittatum*

tequila blanco

mortero

tarro de cristal

botella de cristal oscuro

La medicina tradicional china es la más antigua del mundo. Su libro, «Huang Ti Nei Qing Su Wen» (un clásico de medicina interna del Emperador Amarillo) se remonta a la dinastía Shang (años 1523-1028 a.C.), lo que lo convierte en el libro de medicina más antiguo que existe. Éste y otros manuales de medicina chinos mencionan miles de plantas y recetas diferentes. Una de las hierbas que se ha conservado en secreto durante siglos es yin yang huo (*Epimedium sagittatum*). Esta planta de montaña está considerada uno de los mayores afrodisíacos, y se estudia en muchos países como remedio a la impotencia, la frigidez, la incontinencia urinaria y las irregularidades menstruales asociadas a la hipertensión. Podemos obtenerla seca en una herboristería china o por correo. El mejor día para usar esta hierba es el martes, con preferencia en luna creciente. Ésta es una receta para hacer un tónico.

Preparación

Reduce la hierba a polvo, colócala en un tarro de cristal y cúbrela con tequila blanco. Déjala reposar en un lugar cálido y oscuro durante dos semanas. Cuela la mezcla en la botella de cristal. Echa siete gotas del líquido en agua caliente y toma el tónico tres veces al día antes de las comidas. Conviene hacer un descanso de una semana después de un tratamiento de dos meses.

Trufas de Chocolate

*Un postre delicioso
con un toque amoroso*

Necesitarás

90 g de chocolate

30 g de azúcar
moreno

90 g de miel

225 g de harina

una pizca de nuez
moscada

una pizca de canela

5 g de jengibre
molido

5 g de bicarbonato

15 ml de agua
caliente

15 g de jengibre
cristalizado,
a trocitos

15 g de piñones,
a trocitos

El chocolate ha sido considerado una de las mejores delicias eróticas desde que fue traído de Méjico por los conquistadores. Los aztecas estuvieron en contacto con la cultura del chocolate más tiempo del que imaginamos. Se cuenta que el emperador Moctezuma tomaba más de cincuenta tazas de chocolate al día para mantener contento a su harén. La ciencia moderna, hasta ahora, había negado al chocolate cualquier virtud afrodisíaca, pero recientemente algunos estudios en el New York State Psychiatric Institute han demostrado que produce feniletilamina, una hormona generada durante el acto sexual. Lo cierto es que habría que tomar cantidades enormes de este producto para que tuviera efectos afrodisíacos, si bien cada gramo contribuye a dicho efecto. Aquí tienes una receta que combina el chocolate con otros productos que aumentan la libido.

Preparación

Coloca el chocolate, el azúcar y la miel en una sartén y disuelve el contenido a fuego lento. Tamiza la harina, la nuez moscada, la canela y el jengibre rallado en un cuenco. Añade el bicarbonato combinado con el agua caliente, la mezcla de chocolate, el jengibre y los piñones. Mézclalo todo bien y da forma con la masa a unas veinticuatro bolitas. Deposítalas sobre una bandeja de hornear untada con mantequilla y déjalas durante 15 minutos en el horno a 180 °C. Cuando se enfríen, guárdalas en un recipiente hermético, si puedes resistirte a comértelas de golpe.

Yohimbe

*La yohimbe es uno de los afrodisíacos más
potentes del mundo, el máximo viaje sensual*

Necesitarás

2 g de corteza de
yohimbe

2 g de ginseng

250 ml de agua
mineral

4 limas

15 g de miel

La yohimbe (*Pansirystalia yohimbe*) es un árbol perenne del oeste de África. Durante siglos, las tribus bantúes de esa región han utilizado su corteza como afrodisíaco en sus rituales orgiásticos matrimoniales. La yohimbe es la única planta que la medicina ortodoxa reconoce como afrodisíaca. Incrementa el flujo de sangre en las zonas erógenas y la mantiene allí, comprimiendo las venas. Efectiva tanto para hombres como para mujeres, ayuda a incrementar el deseo y la sensibilidad. Debe usarse con precaución porque sus efectos pueden durar varias horas durante las cuales es imposible dormir. También tiene efectos secundarios como náuseas, y en grandes dosis, eleva la presión y provoca alucinaciones. Las personas que toman habitualmente alguna medicación, que tienen la presión alta, problemas de circulación, diabetes, insuficiencia renal o úlceras no deben consumirla. Tampoco hay que mezclarla con queso, hígado o alcohol. Sin embargo, una pequeña dosis de yohimbe no supone ningún peligro para una persona sana. Esta receta es una poción de amor segura y efectiva.

Preparación

Coloca la corteza de yohimbe y el ginseng en una sartén. Hierve el agua mineral y añádela a la sartén junto con la miel y el jugo de cuatro limas. Hierve la mezcla hasta que se reduzca a la mitad. Déjala enfriar, y luego añade más miel, al gusto.

Buñuelos de Amor

*Una ofrenda tentadora para
cautivar a quien amas*

Necesitarás

925 g de harina

400 g de azúcar de
lustre

30 g de levadura

125 ml de leche tibia
de cabra

60 ml de agua

5 g de sal

5 g de especias
mezcladas (jengibre,
nuez moscada,
cilantro)

2,5 g de canela

225 g de pasas

60 g de piñones

60 g de mantequilla

1 huevo batido

60 g de azúcar

50 ml de leche

Esta receta utiliza especias famosas por sus cualidades.
Mezcla los ingredientes con las manos e intenta concentrarte
en el objeto de tu deseo. Si quieres, puedes pedir el deseo en
voz alta mientras preparas los buñuelos.

Preparación

Tamiza 125 g de harina en un cuenco y añade 5 ml de azúcar de
lustre. Combina la levadura con la leche de cabra y el agua y
añádela a la harina. Mézclalo todo bien y espera de veinte
a treinta minutos a que el conjunto quede espumoso. Mientras,
tamiza 800 g de harina con la sal, las especias y la canela en otro
cuenco. Agrega 60 g de azúcar de lustre, las pasas y los piñones,
liga un poco la mezcla y añádela a la anterior junto con la
mantequilla y el huevo. Amasa el conjunto hasta que deje las
paredes del cuenco limpias. Colócalo sobre una tabla enharinada
y continúa amasando durante cinco minutos (hasta que sea suave
y no pegajoso). Durante el proceso, asegúrate de traspasar
tu deseo a la mezcla con los dedos. Cubre la masa y déjala
que suba hasta que doble su tamaño. Tus deseos se expanden
junto con ella. Colócala de nuevo sobre una tabla enharinada
y divídela en doce bolitas. Deposítalas, tapadas, sobre una
bandeja de hornear durante treinta minutos. Cuécelas en el
horno a 220 °C durante veinte o veinticinco minutos. Retíralas
del horno y déjalas enfriar sobre una rejilla. Píntalas con una
mezcla de azúcar hervido en leche. Ofrece un buñuelo
a la persona que deseas.

Muira puama

Un tónico poderoso que te
prepara para amar

Necesitarás

60 g de muira
puama

1/2 l de ron blanco o
vodka

225 g de miel

una botella de cristal

La muira puama (*Liriosma ovata*) es un árbol pequeño que crece en el Amazonas brasileño. Las tribus indígenas del Brasil usan sus raíces y su corteza para hacer infusiones que combaten la debilidad sexual y la impotencia, problemas neuromusculares, reumatismo e incluso la calvicie. Los primeros exploradores europeos notaron sus poderes afrodisíacos y la importaron a sus países. Ahora se utiliza en todo el mundo como tratamiento para la impotencia, los dolores menstruales y desórdenes del sistema nervioso. Para beneficiarnos de sus efectos, la infusión debe estar bien preparada, puesto que los aceites y resinas de las raíces no se digieren fácilmente. A continuación, te mostramos la mejor forma de usar la muira puama.

Preparación

Coloca la muira puama en una sartén que pueda taparse bien. Tira por encima el ron o vodka y la miel. Tapa la sartén y calienta la mezcla hasta casi el punto de ebullición, durante veinte minutos. Déjala enfriar. Cuélala en la botella de cristal. Si no quieres tomar alcohol, deja la sartén destapada para que éste se evapore, aunque también se perderán algunos aceites volátiles. Toma 15 ml de la infusión en agua tres veces al día, o bien un sorbo sin disolver una o dos horas antes de un encuentro amoroso.

PAELLA PUELLA

*Este libidinoso plato español
combina los frutos del mar*

Necesitarás

50 ml de aceite de oliva

1 diente de ajo picado

una pizca de azafrán

1 cebolla rallada

125 g de calamar

2 tomates pequeños,
pelados y troceados

225 g de arroz largo

225 ml de caldo de
pescado

8 espárragos trigueros

cola de langosta,
pescado blanco
troceado

un puñado de gambas

3 ostras sin concha

un puñado de
mejillones

perejil

La paella es un plato con arroz de origen español, famoso en todo el mundo. Aunque es delicioso, la razón de su popularidad puede radicar en el hecho de que contiene gran cantidad de ingredientes que tienen fama de ser afrodisíacos. Esta receta es una variante de la paella valenciana, y contiene marisco (criaturas «de la espuma», al igual que Afrodita). El nombre del plato «paella» viene de la sartén en la cual se cocina, y de la palabra «puella» que significa niña en latín.

Preparación

Calienta el aceite en una paella y añádele el ajo hasta que se dore. Agrega la cebolla y el calamar. Cuando la cebolla esté transparente echa los tomates. Añade el arroz y cuécelo ligeramente durante cinco minutos. Cúbrelo todo con el caldo, al cual has añadido el azafrán, y agrega los espárragos. A los cinco minutos, añade el pescado, la cola de langosta, las gambas, las ostras y los mejillones. Deja que hierva a fuego alto durante cinco minutos y después, con el fuego bajo, deja que el arroz se vaya cociendo sin que llegue a quedar pastoso. Si es necesario, añade más caldo. Coloca la paella en el horno durante unos minutos a 200 °C. Espolvorea el plato con perejil fresco.

Palma de Abanico

*Una hierba para aumentar la libido
y mantener una vida sexual sana*

Necesitarás

*30 g de bayas de
palma de abanico
molidas*

30 g de ginseng

1/2 l de coñac

*una botella de cristal
oscuro*

En la medicina tradicional china, las bayas de palma de abanico (*Sabal serrulata*) son consideradas un excelente tónico para el yang y el yin (energías masculina y femenina), puesto que contribuyen a equilibrar las hormonas. Recientemente, la palma de abanico ha ganado popularidad como remedio para los problemas de próstata. En opinión de muchos herboristas expertos, los hombres mayores de cuarenta años deberían tomar regularmente estas bayas para proteger su próstata. También tienen una acción directa sobre el sistema reproductivo, aumentan la libido y combaten la impotencia y la frigidez. Combina bien con otras hierbas: la cola de caballo para problemas de próstata, la damiana como afrodisíaco y la muira puama como tónico para la libido. Esta receta ayudará a hombres y mujeres a mejorar su calidad de vida.

Preparación

Cubre las bayas y el ginseng con el coñac, a ser posible en luna nueva. Tápalas y guárdalas en un lugar cálido y oscuro durante dos semanas. Cuela el líquido en la botella y toma 10 ml una vez al día. Haz un descanso de catorce días cada pocos meses.

AVENA SILVESTRE

*Bebe de este tónico y
mejorarás tu vida amorosa*

NECESITARÁS

avena silvestre verde

licuadora

*bebida alcohólica
fuerte*

La avena silvestre es un importante ingrediente en los tónicos amatorios. Ayuda a segregar testosterona, la hormona sexual más importante tanto en hombres como en mujeres y, por lo tanto, aumenta la libido, el deseo y la sensibilidad, y mejora la actividad sexual. Además combina bien con otros tónicos sexuales como la palma de abanico, la damiana y la muira puama, y mejora su rendimiento. Podemos obtener avena fácilmente como extracto de *Avena sativa* en cualquier tienda de nutrición, puesto que es utilizada como suplemento dietético diario por muchas personas. No obstante, la mejor forma de aprovechar su potencial es tomarla fresca, en su estado natural.

PREPARACIÓN

Recolecta avena silvestre allí donde la encuentres, siempre que no esté cerca de una fuente de contaminación. Es mejor hacerlo durante la primavera y hasta principios de verano, mientras está verde y llena de savia. Ponla en una licuadora y toma unos 100 ml de jugo una o dos veces al día. El líquido se conserva durante tres o cuatro días si está en el refrigerador. Cada vez que exprimas avena, guarda los restos que quedan en la licuadora y cúbrelos con alcohol durante unos días. Luego cuela el líquido y guárdalo aparte. Después de tres extracciones será lo suficientemente potente para que puedas tomarlo en lugar del jugo. Toma 5 ml en agua templada dos o tres veces al día. Si no quieres consumir alcohol, pon los 5 ml en agua caliente para que se evapore.

⟡CÉANOS
DE

Según la leyenda, Venus (o en la mitología griega, Afrodita), guía e inspiración de los amantes, emergió desnuda y espléndida del mar. Por esta razón, el océano siempre se ha considerado un símbolo poderoso y una fuente de amor y deseo.

AmOR

Ostras y marisco

De todas las criaturas del mar, las ostras son las que tienen mayor reputación como afrodisíaco –pues fue una ostra la que nos dio a Venus. La apariencia sensual de las ostras crudas sobre su valva, combinada con su sabor fresco y pungente, las hace francamente sugestivas, mientras que sus proteínas y minerales nos recargan de energía. Casanova, el amante por excelencia, según cuentan, era capaz de consumir cincuenta ostras mientras tomaba un baño con sus amantes. Otro tipo de marisco como las gambas, los mejillones y los berberechos también tienen fama de encender el deseo amoroso.

Pescado y fugu

Las huevas de pescado son consideradas un eficaz afrodisíaco. Las huevas frescas de erizo son muy apreciadas, al igual que el caviar. Cuenta la leyenda que, para poder proporcionar el heredero que su marido no lograba engendrar, Catalina la Grande (mujer de libido extraordinaria) invitó a un oficial de la Guardia Real a cenar caviar. El heredero ruso fue concebido aquella noche. Incluso el esturión, del cual se extrae el caviar, tiene fama de ser afrodisíaco, como lo son, en general, todos los peces. Las anchoas, las anguilas, el halibut, la caballa y el salmón son conocidos por su potencial. Posiblemente el mayor afrodisíaco marino es el fugu, un pescado muy apreciado por los japoneses. La piel y varios de sus órganos contienen un veneno letal y sólo, tras muchas enseñanzas, recibe un maître de cocina la licencia para servir este pescado. Evitar el marisco es evitar uno de los placeres viscerales más delicados. Prueba sus efectos en tu cuerpo y seguro que obtendrás la aprobación de Venus.

capítulo tres

EL
¡ARDÍN

El sentido del olfato y la secreción de ciertos olores son cruciales en los ritos de apareamiento de plantas y animales, e incluso de los humanos. Las flores nos atraen con su aroma y su belleza, por ello, los poetas y artistas las han convertido en metáfora del amor. Las especies también son exóticas y eróticas, y nos llaman la atención por su olor y sabor. Aquí aprenderemos cómo pueden afectarnos los tesoros del jardín de la naturaleza.

PERFUMADO ◆

Incienso y Mirra

*Una loción voluptuosa para
rejuvenecer cuerpo y alma*

Necesitarás

*10 ml de aceite
de prímula*

*20 ml de aceite
de semilla de uva*

*aceites esenciales
de incienso y mirra
y esencia de rosa*

*botella de cristal
oscuro*

El incienso y la mirra son resinas aromáticas que se obtienen de unos árboles resistentes y pequeños del desierto de Arabia. Junto con el oro, siempre han sido considerados regalo de reyes y monarcas, y fue una de las ofrendas de los Reyes Magos al niño Jesús. Su uso medicinal y en ritos mágicos y religiosos aparece citado en la Biblia y en textos egipcios y griegos de más de 6.000 años de antigüedad. La mirra era el principal ingrediente del ungüento sagrado con el que el Señor pidió a Moisés que se untara el cuerpo antes de acercarse al Tabernáculo. Hasta hoy, el incienso y la mirra se usan en todo el mundo para limpiar, purificar y proteger; y también como ingredientes en pociones de amor. Se ha demostrado que el incienso tiene efectos afrodisíacos en los hombres. No obstante, es en la cosmética donde estas resinas han encontrado un nuevo uso: parece que tienen la habilidad de rejuvenecer la piel, tonificándola y eliminando las arrugas. Éste es un elixir de la juventud que Cleopatra hubiera envidiado.

Preparación

Mezcla el aceite de prímula y el de semilla de uva con cinco gotas de aceites esenciales de incienso, mirra y esencia de rosa. Aplícate la mezcla cada noche con un sensual masaje facial. También puedes untarte el resto del cuerpo cuando la piel esté húmeda. Si guardas la mezcla en una botella de cristal oscuro, puede conservarse hasta seis meses.

Amor Eterno

*Planta estas flores
y las semillas de tu amor nunca morirán*

Necesitarás

*Plantas o semillas
de pervinca*

La bonita pervinca ocupa un lugar especial en el léxico del amor. Considerada en tiempos remotos como afrodisíaca, el alquimista medieval Alberto Magno creó una extraña receta con pervinca y lombrices, la cual «induce el amor entre un hombre y una mujer si es utilizada en sus comidas». Nicholas Culpepper, cuatrocientos años después, menciona una receta parecida en la que «si un hombre y una mujer comen sus hojas crece el amor entre ellos». Por suerte, las lombrices desaparecen en esta segunda receta. Hoy en día, la pervinca ocupa un lugar distintivo en la medicina natural: se considera un gran aglutinante y un astringente excelente. También parece útil para tratar la diabetes. La pervinca de Madagascar tiene fama de actuar contra el cáncer, lo que demuestra las enormes facultades de estas especies. La planta recibe el nombre del latín *vincio* (atar) y *perennis* (siempre). Por ello el «siempreatador» puede unir a las parejas para siempre. Presentamos, a continuación, una fórmula para permanecer juntos y felices durante toda la vida.

Consejo

La pervinca es una planta con flores violetas preciosas. Es perenne y, por lo tanto, conserva sus hojas durante el invierno. En un tiempo era llamada «alegría de la tierra», lo que demuestra lo apreciada que era como protectora del suelo. Puedes contribuir a una larga y feliz relación si plantas pervinca en el jardín de tu casa.

Amado,
ven

Hechizo Persa

Un ritual del harén para hacer tuyo el corazón, el cuerpo y el alma de tu amante

Transmitido entre princesas de generación en generación, este sofisticado ritual aprovecha algunas de las esencias más preciosas y eficaces. No te tomes este potente hechizo a la ligera —sus resultados pueden ser irreversibles.

Preparación

En la cabeza de la que escoge, una gota de gardenia, para conseguir el zafiro y flotar hasta aquel que ella ha escogido.

En los párpados de la que escoge, una gota de aceite de rosa, para atraer a aquel que ella ha escogido.

En su boca, una gota de miel, para endulzar la boca de aquel que ella ha escogido.

En su lengua, una gota de menta, para encender la llama en el cuerpo de aquel que ella ha elegido.

En su cuello, una gota de ámbar gris, para elevar el calor del que ella ha elegido.

En cada pecho, una gota de leche de almendra, para alimentar a aquel que ella ha elegido.

En su vientre, una gota de lavanda, para despertar la sensualidad del que ella ha elegido.

En su monte de mirra, una gota de pachulí, para desatar la serpiente del que ella ha elegido.

En los labios de su flor de virgen, una gota de lila, para que la deguste aquel que ella ha elegido.

Y cuando estas gotas se combinen con la leche de la pasión de su amante, la unión entre ambos traerá felicidad y larga vida.

estos aceites esenciales deben disolverse en proporción 1:5 o 1:10 en una base aceitosa como la de semilla de uva

aceites esenciales de gardenia, rosa, menta, pachulí, lila miel

ámbar gris leche de almendra almizcle o lavanda (sintético)

74

Hechizo de Flores

Un ramo de flores para
atraer al amor de tus sueños

Necesitarás

6 rosas rojas

5 rosas blancas

2 azucenas blancas

un lirio tigrado

un jarrón grande

Las flores, gracias a su belleza y fragancia extraordinarias, se han considerado siempre símbolos del principio femenino. Usan sus encantos para atraer a las abejas para que las polinicen y asegurar así su pervivencia. En este aspecto representan seducción y fertilidad. Algunas flores, como las rosas, azucenas, orquídeas y todas aquellas gobernadas por Venus, se asocian al amor y al romance. Las rosas son probablemente las más conocidas como metáfora del amor. Las rosas rojas sugieren pasión y amor romántico; las de color rosa, afecto, y las blancas, amor puro e idealizado. El lirio es un símbolo de pureza y virginidad, aunque el lirio común, con su estambre fálico, puede simbolizar sexo y fecundidad, y el lirio tigrado incita al desafío. Las orquídeas representan amor, armonía, refinamiento, belleza y feminidad. Este hechizo con flores expresa amor verdadero y respeto.

Preparación

En un jarrón grande, mezcla seis rosas rojas, que significan hombre y pasión, y cinco rosas blancas, que simbolizan la mujer y el amor puro. A cada lado distribuye un lirio blanco como protección de las diosas vírgenes, y detrás del ramo coloca un bello lirio tigrado para desafiar al hombre o a la mujer a amarte como te mereces.

CONDIMENTA TU AMOR

Añade sabor a tu vida sexual con estos dos brebajes exquisitos de ingredientes del amor

Necesitarás

helado de chocolate
leche
salsa de chocolate

esencia de canela
5 g de cilantro
molido
5 g de jengibre
molido
pimienta negra fresca

un puñado de fresas
a ser posible
silvestres
helado de fresa
batidora

Conocemos las virtudes culinarias de las especias pero, durante miles de años, también han sido valoradas por sus propiedades medicinales. El jengibre, por ejemplo, estimula la circulación y es afrodisíaco. La canela provoca una respuesta sexual en las mujeres. El anís, el clavo, el cardamomo, el comino, el cilantro, las semillas de hinojo, la nuez moscada, la pimienta y la vainilla estimulan la libido. Algunas especias combinan bien con la miel y el helado, y en verano refrescan el cuerpo e inflaman pasiones. Usa esencias de especias, que se mezclan en leche fría; también puedes molerlas y dejar que se mezclen con leche tibia unos minutos antes de refrigerarla. Aquí tienes dos batidos refrescantes y estimulantes.

PREPARACIÓN

NIÑA DE CANELA

Bate el helado de chocolate con la leche, la salsa de chocolate y la esencia de canela para obtener un batido sensacional.

VENUS Y MARTE

Esta deliciosa poción combina cilantro y fresas (que representan a Venus) con jengibre y pimienta negra (que representan a Marte) para forjar la unión de la pareja más apasionada del universo. Sumerge el cilantro molido y el jengibre en una taza de leche caliente unos cinco minutos. Refrigera la mezcla durante una hora. Bate las fresas con la leche especiada, el helado de fresa y la pimienta negra.

Guirnalda de Flores

*Una celebración sencilla de
los sentimientos de tu corazón*

Necesitarás

*tallo de hiedra
de 45 cm*

selección de flores

cinta o alambre fino

cuchillo afilado

pinzas

En el pasado, las chicas jóvenes se coronaban con guirnaldas de flores para expresar su disposición para el amor; diferentes flores simbolizaban diversos matices de amor. Conocer estos símbolos nos ayudará a escoger las que nos interesan para hacer una guirnalda.

Algunas flores y su significado

La salvia significa «Pienso en ti».
La margarita es gobernada por Venus y simboliza amor verdadero.
La rosa expresa amor. La rosa roja sugiere amor apasionado;
la rosa blanca, amor platónico, y capullos de rosa, inocencia.
La prímula es regida por Venus y simboliza amor joven.
La violeta significa lealtad.
El jazmín real sugiere sensualidad.

Preparación

Para trenzar una guirnalda, corta un tallo de hiedra que tenga las hojas pequeñas. Con un cuchillo afilado hazle pequeñas incisiones para poder pasar flores a su través. Con las pinzas mantén las incisiones abiertas para insertar las flores escogidas. Mientras trenzas la guirnalda, recita tu deseo. Asegura el conjunto con la cinta o el alambre. Cuando hayas colocado en la hiedra todas las flores que desees, ata sus extremos con una cinta o un alambre y coloca la guirnalda sobre tu cabeza. Recita tu deseo tres veces más para que se cumpla.

ACEITES AROMÁTICOS

Una mezcla de aceites excitantes

NECESITARÁS

aceites esenciales de
jengibre, canela,
clavo y lavanda

quemador de incienso

Los alquimistas creen que cualquier manifestación del universo se compone de tres partes: alma, espíritu y cuerpo. El espíritu es la fuerza vital; el cuerpo la forma material, y el alma la individualidad o esencia del ser. En el mundo vegetal, el alma de la planta reside en su aceite esencial y es lo que la diferencia del resto de las plantas. Los aromas inconfundibles de la canela, el jazmín o la lavanda provienen de sus aceites esenciales. Cada uno de los aromas tiene diferentes efectos: algunos son calmantes, otros excitantes. Ésta es la base de la aromaterapia, un arte antiguo que cada vez es más popular.

Los mecanismos que causan los efectos de los aceites esenciales son sutiles, pero penetrantes. Pueden cambiar nuestro humor y, empleados regularmente, pueden provocar cambios graduales en nosotros. La mejor forma de usarlos es en el baño, en quemadores de incienso y en aceites para masajes. Los aceites esenciales están muy concentrados, por lo que no deben aplicarse directamente sobre la piel; han de mezclarse con una base suave como el aceite de almendra, de aguacate o de semilla de uva. Esta mezcla de aceites que presentamos provoca una gran excitación.

PREPARACIÓN

Llena la mitad del plato del quemador de incienso con agua y añade tres gotas de aceite de jengibre, tres de canela, una de clavo y dos de lavanda. Deja quemar la mezcla en tu habitación media hora antes de acostarte.

Ramillete de la Pasión

Un ritual que conjuga los poderes amatorios de Venus y Marte

Necesitarás

*selección de flores de
Venus y Marte*

jarrones pequeños

*cinta, cuerda o goma
elástica*

Venus y Marte son los amantes celestiales. La voluptuosidad de Venus simboliza los aspectos más femeninos del amor-afecto, confort y placer. El fiero Marte es su contrario, el guerrero sexual y apasionado. Los dos juntos representan el concepto de polos opuestos que se atraen. En alquimia, estos dos cuerpos planetarios gobiernan las plantas del amor. Muchas de ellas producen flores preciosas.

Las siguientes flores están gobernadas por Venus: aguileña (*Aquilegia vulgaris*), primuláceas (primaveras y velloritas), malvas, lilas, rosas, orquídeas, pervinca, sanícula (*Prunella vulgaris*), milhojas (*Achillea*), violetas y flor de cerezo. Estas otras se rigen por Marte: hierba de la fiebre (*Gratiola*), flor de pascua (pulsatilla), anémonas, ranúnculos, albahaca dulce, cardos, tabaco (*Nicotiana tabacum*), linaria (*Linaria vulgaris*) y retama negra (*Cytisus scoparius*).

Preparación

Combina una mezcla de flores de Venus y Marte de tamaño similar. Pule los tallos y las hojas, y compón una serie de ramos en jarrones pequeños. Colócalos en todas las habitaciones en las que vas a estar con tu amante, especialmente en el dormitorio. También puedes atar los ramilletes con cinta, cuerda o goma elástica y ofrecérselos a tu amado. Para que sus efectos sean más poderosos, usa variedades silvestres de todas estas flores.

Receta sellada

Hechizo de Mandrágora

Planta estas semillas
y mira como crece el amor

Necesitarás

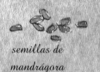

*semillas de
mandrágora*

Algo que llama la atención y que es fascinante de la mandrágora es el aspecto de su raíz en forma de hombre o mujer. En algunas partes del mundo, las que tienen las más sugestivas se guardan o venden como hechizos de amor. Nos estamos refiriendo a la especie del Viejo Mundo (*Mandragora officinarum*), que no debemos confundir con la mandrágora americana (*Podophyllum peltatum*). Es una planta difícil de encontrar, pero puedes conseguir sus semillas y, con cuidado y paciencia, hacer crecer un ejemplar y emplearlo para hechizos amorosos.

Preparación

El primer miércoles de la luna nueva en Aries, planta una única semilla a unos 2,5 mm de profundidad en una maceta de 85 cm^2 de superficie. Mantén la tierra húmeda hasta su germinación. Establece una relación con la planta y, mientras va creciendo, hónrala y respétala. Poco antes de la puesta de sol en el miércoles más cercano a la novena luna llena siguiente, haz un agujero alrededor de la raíz, mirando hacia el oeste. No extraigas la raíz antes de la puesta de sol. Llévala a casa y báñala con agua templada. Límpiala cuidadosa y tiernamente, aclárala con agua fría y sécala con una toalla. Cuélgala con la raíz hacia abajo en un lugar cálido y seco, lejos de la luz del sol. Deja que se seque. Guárdala en un armario o sobre un mantel y trátala como si estuviera viva, pues puede ser un mediador de tus deseos en el campo del amor y la fertilidad.

Neguilla

*Planta esta flor en tu jardín
y tu amado te será fiel*

Necesitarás

*semillas o plantas de
neguilla*

Con el nombre de neguilla se conocen dos tipos de plantas íntimamente relacionadas. La *Nigella damascena* es una planta delicada, con flores etéreas, que se cría con fines ornamentales. Tiene una vida anual y crece cada año a partir de una nueva semilla. Sus pétalos de color azul cobalto están envueltos por hojas en forma de filamentos delgados que crean una atmósfera delicada alrededor de la flor. La vaina de sus semillas, uno de los rasgos característicos de la planta, se usa en arreglos florales, y sus semillas pueden aprovecharse para hacer pan y galletas. Su hermana, la *Nigella sativa*, tiene las flores de color púrpura y su follaje es menos delicado. Ambas plantas son muy resistentes y pueden crecer en latitudes elevadas. En algunos países europeos era costumbre plantar neguilla en el jardín para traer fidelidad a la pareja.

Preparación

Si deseas conseguir la fidelidad de tu pareja, planta neguilla en tu jardín. Cuídala cariñosamente porque si florece se cumplirá tu deseo. Asegúrate de esparcir sus semillas una vez se seque y, si vuelve a florecer en la siguiente primavera, tienes la fidelidad asegurada para siempre.

Magnetismo Animal

Viste la esencia del amor para atraer la persona de tu deseo

Necesitarás

aceites esenciales de bergamota, naranja, esencia de rosa, de jazmín, pachulí, vainilla, mirra, gálbano, madera de sándalo y esclarea

30 ml de aceite de semilla de uva

una botella de cristal oscuro

Muchos animales producen olores característicos para marcar su territorio y atraer a una pareja. Estos aromas han sido utilizados como ingredientes en perfumes y afrodisíacos. Extractos de las glándulas del carnero almizclero, un pequeño ciervo del Tibet y de la China, del civeto de África y del castor de Canadá y Siberia han sido utilizados para esos fines. En algunos lugares, el aroma del almizcle llegó a considerarse perverso y el papa Pío el Creyente amenazó con excomulgar a los mercaderes que lo vendían. En las décadas recientes, debido a la presión de algunos grupos de defensa de los animales, la industria perfumista ha buscado fuentes alternativas a estos aromas en plantas como la esclarea o el tabaco. Hoy en día podemos usar esencias naturales de origen no animal para fabricar "Chipre", un exótico perfume con poderes legendarios. Ésta es una receta para que lo prepares tú mismo.

Preparación

En la botella de cristal mezcla dos gotas de aceite esencial de bergamota, naranja, esencias de rosa y jazmín, pachulí, vainilla, mirra y gálbano, con cinco gotas de madera de sándalo y esclarea. Añade el aceite de semilla de uva y mézclalo todo para obtener este exótico aceite perfumado.

El perfume más embriagador

Amor cuerpo a cuerpo

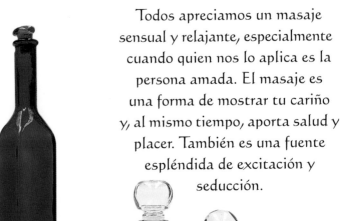

Todos apreciamos un masaje sensual y relajante, especialmente cuando quien nos lo aplica es la persona amada. El masaje es una forma de mostrar tu cariño y, al mismo tiempo, aporta salud y placer. También es una fuente espléndida de excitación y seducción.

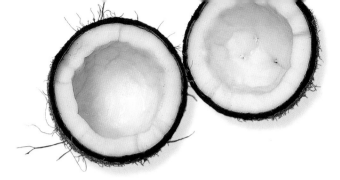

Aceites fragantes

El placer táctil de unas manos amadas sobre la piel puede aumentarse si usamos aceites mezclados con esencias exóticas. Los mejores aceites para masajes son los aceites vegetales puros. Los de coco y semilla de uva son ligeros, el de almendra dulce es de tipo medio, y los de aguacate y oliva son los más densos aunque todos funcionan bien. Los aceites vegetales tienen un inconveniente: no pueden entrar en contacto con el látex. Una alternativa es usar mantequilla clarificada, y mantecas de cacao y jojoba.

Cuando mezclamos aceites esenciales con estas bases y las aplicamos a la piel, éstos son absorbidos por el cuerpo aumentando su relajación y su sensualidad. Entre las esencias que aumentan la libido se incluyen el ylang-ylang, la madera de sándalo, el jazmín, la esclarea, la rosa, la bergamota y la canela.

Un masaje sensual

Si no estás acostumbrado a aplicar masajes, no debes preocuparte; te sorprenderá saber lo sencillo que es proporcionar placer y alivio. Antes de empezar, calienta tus manos en un recipiente con agua templada. Asegúrate de que tu pareja está estirada cómodamente, y que la habitación se encuentra a una buena temperatura. Vierte un poco de aceite en sus hombros y ves introduciéndolo en la piel con un masaje. Deja que tus dedos sigan el contorno del cuerpo, acariciándolo amorosamente y disfruta tú también de la sensación. Da el masaje a todo el cuerpo, desde las puntas de las manos hasta los pies, dejando las zonas más erógenas para el final. Es en ese punto cuando el masaje puede pasar de relajante a excitante y es posible que no puedas llegar a completarlo. Conviértelo en un ejercicio de autocontrol e insiste en que todas las partes del cuerpo deben untarse en aceite antes deque des el masaje por terminado.

93

capítulo cuatro

FILTROS DE AMOR

Los filtros de amor son pociones secretas que seducen y excitan. Su poder deriva de los principios activos de los afrodisíacos naturales. Para convertirlos en extractos o concentrados utilizaremos alcohol, el cual también hace que el cuerpo los absorba más rápidamente. En dosis proporcionadas, el alcohol puede desinhibirnos, relajarnos y aumentar nuestra sensibilidad. También ayuda a mezclar los mejores filtros de amor.

Prodigio Africano

*Desde África, un licor exquisito
para estimular y excitar*

Necesitarás

15 ml de vodka

30 ml de Cointreau

*90 ml de licor de
amarula*

cubitos de hielo

*helado de vainilla
(opcional)
batidora*

En las llanuras africanas, crece un árbol con el nombre científico de *Sclerocarya birrea*. En pleno verano, sus frutos, del tamaño de una ciruela y de color verde oliva, maduran, se vuelven de color amarillo dorado y esparcen su fragancia tropical en la brisa, atrayendo a varias especies de animales salvajes. En particular, atrae a manadas de elefantes, las cuales caminan durante días para disfrutar de esta fruta. Por esta razón, el árbol se conoce con el nombre de «el árbol de los elefantes». Es en el árbol femenino donde crece la fruta, que contiene cuatro veces más vitamina C que una naranja. Al poseer fama de afrodisíaco, es usado por varias tribus en sus ritos de la fertilidad. En la antigüedad era conocido como «el árbol del matrimonio» y hoy en día muchas parejas del ámbito rural eligen contraer matrimonio debajo de sus fértiles ramas. El licor de amarula —rico, dulce y delicioso— se extrae a partir de los frutos de este árbol, y puede tomarse solo, con hielo o en un cóctel excelente.

Preparación

Bate el vodka, el Cointreau, el licor de amarula y dos o tres cubitos de hielo hasta obtener una mezcla suave. Sírvela en una copa, espolvoreada con nuez moscada. También puedes convertir esta bebida en un batido si añades unas bolas de helado de vainilla.

CRUCERO CARIBEÑO

*Un jugo exótico
amoroso de las soleadas islas del Caribe*

NECESITARÁS

*botella de 70 cl de
ron caribeño*

corteza de danto

jugo de mango

jugo de lima

Danto es el nombre local de este árbol caribeno (*Roupala montana*), famoso en las islas por sus propiedades afrodisíacas. Su corteza se extrae a tiras finas y se deja macerar en ron, o bien se deja secar para hacer infusiones. Muchos rones comerciales usan este ingrediente pero es más entretenido, barato y potente fabricar tu propio ron. No hay ningún registro clínico sobre la efectividad o toxicidad del uso del danto, pero, tras ser usada en las islas durante siglos, cualquier efecto nocivo formaría ya parte de su folklore. Ésta es una receta estándar, donde la inclusión del jugo de mango no se debe sólo a su sabor. Los mangos están considerados como un fruto muy erótico y el uso de su aceite en pociones amatorias es frecuente.

PREPARACIÓN

Extrae 60 ml de ron de la botella y rellénala hasta el borde con la corteza de danto. Tápala y colócala en un lugar cálido y oscuro durante tres semanas. Mezcla el jugo de mango fresco, el de lima y el ron para obtener un exótico jugo de las islas.

Diosa Verde

Los ingredientes de este filtro del amor
se han guardado en secreto durante siglos

Necesitarás

15 ml de Chartreuse
verde por copa de
champán

champán

copas de champán

Los licores de hierbas se preparan desde la más remota antigüedad, y originalmente, gracias a las virtudes de diversas plantas, eran usados como medicinas. Entre los mejores licores del mundo destacan las variedades de Chartreuse. En el siglo XVII, el Mariscal d'Estrées obsequió al monasterio de la Grande Chartreuse con un manuscrito antiguo que contenía la fórmula secreta de un elixir para alargar la vida. Los monjes empezaron a fabricarlo como medicina para la gente del pueblo, pero su fama se extendió enseguida y a la fórmula se le añadió miel, para hacerla más sabrosa. Así nació el Chartreuse Verde en 1745, el cual continúa fabricándose hoy día del mismo modo. Su fórmula incluye 130 ingredientes, casi todos de origen vegetal, y explica cuándo y dónde deben recolectarse. Es improbable que lleguemos a descubrir más cosas sobre la receta, pues sólo la conocen tres monjes. Sabemos que no hay ingredientes artificiales y que su contenido alcohólico es del 55%. Misteriosa y deliciosa, esta poción tiene fama por ser sutilmente estimulante y, si se está en la compañía adecuada, excitante, lo que aumenta si la mezclamos con otro de los afrodisíacos favoritos en el mundo entero:
el champán.

Preparación

Vierte el Chartreuse Verde en una copa de champán. Rellénala con champán muy frío y prepárate para sentirte arrebatado.

Receta sellada

Poción Amatoria
número 9

*Un poderoso filtro de amor que
conjura la energía amorosa de Venus*

Necesitarás

15 g de damiana

7 g de muira puama

*15 g de bayas de
palma de abanico*

*15 g de semillas de
cilantro*

*15 ml de vinagre de
fresa*

*100 ml de
aguardiente*

30 g de miel

esencia de canela

esencia de vainilla

mortero

*jarra de cristal y
embudo*

filtros para café

*una botella de cristal
oscuro*

Esta potente poción combina nueve ingredientes, tres de ellos poderosos afrodisíacos vegetales: la damiana, la muira puama y la palma de abanico. El filtro debe prepararse en viernes, día de Venus, para aprovechar las energías de este planeta. Cuando el sol está en Tauro, es el momento ideal de preparación, pues este signo está gobernado por Venus, y la primavera es tradicionalmente época de ritos de fertilidad y aumento de la energía sexual.

Preparación

El amanecer del primer viernes que sigue a la luna nueva, muele la damiana, la muira puama, las bayas de palma y las semillas de cilantro. Coloca las hierbas en polvo en la jarra de cristal. Mezcla el vinagre de fresas con el aguardiente y viértelos sobre las hierbas hasta cubrirlas. Sella la jarra y déjala reposar en un lugar cálido y oscuro. Al cabo de dos semanas, al amanecer del viernes, filtra la mezcla en un embudo forrado con un filtro de café. Presiona los residuos que queden en el filtro con el revés de una cuchara de madera para aprovechar hasta la última gota. Vierte la miel en una taza y caliéntala al baño María. Añádela a la mezcla junto con las esencias de canela y vainilla, a tu gusto. Decanta la poción en la botella de cristal y toma 15 ml del líquido disueltos en agua caliente. Para alcanzar un aumento más gradual de la libido, toma siete gotas de la poción en agua dos veces al día, en luna creciente, durante tres meses.

JUGO DE LA JUNGLA

*Un tónico excitante
para estimular tu deseo*

NECESITARÁS

*jugo de fruta de la
pasión*

15 g de catuaba

15 g de muira puama

15 g de guaraná

*botella de 70 ml de
ron blanco*

Los indios tupi de la selva brasileña adoran principalmente a una planta por su habilidad en restaurar y mantener el deseo: la catuaba. Es tan eficaz en proporcionar vigor sexual a los hombres que los indios cuentan que «Hasta que un padre cumple los sesenta, su hijo es suyo, después es de la catuaba». Es también una planta medicinal por sus propiedades antivíricas y antibacterianas. Pero, por encima de todo, es un tónico amatorio. La muira puama, otro tónico del amor del Amazonas, actúa perfectamente en unión con la catuaba. Sus cualidades medicinales son notables, aunque se usa sobre todo para tratar la impotencia, la infertilidad y los trastornos menstruales. Ha formado parte de varios tratamientos clínicos, pero necesita ser procesada con mucho cuidado para extraer todos sus principios esenciales. Las propiedades afrodisíacas de ambas plantas aumentan cuando se mezclan con otra planta amazónica maravillosa, la guaraná. Ésta estimula el deseo y despierta la mente. Las tres plantas juntas constituyen un potente tónico afrodisíaco.

PREPARACIÓN

Coloca la catuaba, la muira puama y la guaraná en una sartén que tape bien. Vierte la mitad del ron, tapa la sartén y caliéntalo hasta el punto de ebullición. Déjalo en infusión sin que hierva. Cuela el líquido en la botella de ron medio llena. Mézclalo con jugo de fruta de la pasión, a tu gusto, y pasa una buena velada.

Amante Fogoso

*Un tónico enérgico y poderoso
que aumentará tus deseos libidinosos*

Necesitarás

30 g de ginseng
americano, molido

30 g de cuerno de
ciervo rojo, molido

coñac de uva

jarra de cristal

botella de cristal
oscuro

Los chinos valoran las partes de ciertos animales por sus propiedades medicinales. Por desgracia, la demanda de algunas medicinas animales, sobre todo las con fama de afrodisíaco, ha llevado a algunas especies, como los tigres y los rinocerontes, al borde de la extinción, a pesar de los esfuerzos por evitarlo. Uno de los ingredientes de origen animal que no supone ningún problema ecológico es el cuerno de ciervo. Estos animales cambian los cuernos cada año y además se crían en muchos países para satisfacer la demanda. El cuerno de ciervo es un potente tónico del yang (energía masculina). Sirve para tratar la impotencia, la frigidez, la eyaculación precoz y deficiencias hormonales tanto en hombres como en mujeres. La combinación de ginseng americano y cuerno de ciervo rojo es uno de los tónicos más potentes para aumentar la libido, ya que el ginseng complementa y nivela los efectos del cuerno.

Preparación

Coloca el ginseng americano y el cuerno de ciervo en la jarra de cristal y vierte la doble cantidad de coñac necesaria para cubrir el polvo. Sella la jarra y guárdala en un lugar cálido y oscuro durante dos semanas. Cuela la mezcla en la botella de cristal. Como tónico para la libido, toma 3 ml de la mezcla durante la luna creciente, dos veces al día. Como filtro de amor, toma 30 ml de tónico, solo o mezclado con agua.

Vino de Yin Yang Huo

*Un tónico para
despertar tu apetito de amor*

Necesitarás

70 g de yin yang huo

*40 g de palma de
abanico o dong quai*

40 g de yohimbe

40 g de damiana

*40 g de ginseng
chino, en polvo*

*30 g de raíz de
regaliz, rallada*

3 1/2 l de agua

1,4 kg de miel

*5 ml de vino
levadura*

*un garrafón de 5 l
con tapón de corcho
y sifón*

*botellas de vino con
tapón*

De las cualidades afrodisíacas del yin yang huo (*Epimediam sagittatum*), la damiana (*Turnera aphrodisiaca*) y la yohimbe (*Corynanthe yohimbe*) ya hemos hablado en el capítulo «Los secretos de Afrodita». En esta receta china, se combinan las tres plantas para lograr un efecto poderoso, sobre todo en las mujeres. Puede ser válida para los hombres si sustituimos la palma de abanico por dong quai. Debe comenzarse en el amanecer del primer viernes que sigue a la luna nueva.

Preparación

Coloca el yin yang huo, la palma de abanico o el dong quai, la yohimbe, la damiana, el ginseng y la raíz de regaliz en una sartén con agua. Tápala y deja hervir la mezcla durante quince minutos. Después, enfríala unos diez minutos y añade la miel, removiendo hasta que se disuelva. Déjala enfriar a temperatura ambiente, 18-24 °C, y añade la levadura. Cúbrela con un paño y deja que fermente durante unos días; luego traspasa la poción al garrafón de cristal y tápala con el corcho y el sifón. Una vez el caldo deja de sisear, la fermentación ha terminado. Viértelo y cuélalo en las botellas de vino limpias y previamente hervidas con agua durante cinco minutos. Tápalas con corcho. El vino se puede guardar durante un año, aunque es mejor consumirlo cuanto antes. Como tónico, bebe medio vasito de vino tres veces al día. En las noches de pasión puedes ser más indulgente, pero ten en cuenta que es una poción muy potente.

TALLO DEL PLACER

*Este elixir irá directo
a tus zonas erógenas*

NECESITARÁS

jugo de apio

*jugo de tomate
salsa Worcester*

*jerez
jugo de naranja
sal de apio
pimienta blanca
sal
salsa Tabasco
vodka
tallos de apio*

En Europa, el apio tiene fama de afrodisíaco. Hasta hace poco tiempo, la ciencia había asumido que la reputación del apio como excitante de la libido se debía más a su forma fálica que a cualquier propiedad afrodisíaca real, pero parece que su fama era merecida. El apio estimula la glándula pituitaria, la cual ayuda a segregar hormonas sexuales. También contiene aceites complejos que tienen un efecto estimulante en los centros olfativos y sexuales del cerebro. Incluso hay constancia de que posee pequeñas cantidades de metacualona o «droga del amor». Aunque sea en cantidades casi imperceptibles, esta sustancia añade más puntos a la reputación del apio. Asimismo, los tomates son considerados excitantes para algunas personas y por ello se los conoce con el nombre de «manzanas del amor». Los jugos de apio y tomate combinan perfectamente para crear este especial Bloody Mary.

PREPARACIÓN

Combina en una jarra partes iguales de jugo de apio y tomate, unas gotas de salsa Worcester, un chorrito de jerez, otro de jugo de naranja, una pizca de sal de apio, pimienta blanca, sal y salsa Tabasco, a tu gusto. Combina la mezcla con vodka y cubitos de hielo en un vaso largo y adórnalo con un tallo de apio.

EL JEQUE

*Un reto mejicano para aumentar
tu pasión*

NECESITARÁS

*una botella de vino
tinto*

*30 g de hojas de
damiana*

*2 o 3 pimientos
picantes rojos*

Méjico es el hogar de algunos de los afrodisíacos más famosos del mundo. Los aztecas y otras tribus nativas usaban ya plantas locales para revivir y mantener la libido, así como para especiar su comida. Los pimientos picantes ayudan al cuerpo a segregar principios químicos beneficiosos, así que si puedes aguantar el picante, apresúrate a entrar en la cocina. Los antiguos habitantes de Méjico usaban otras muchas plantas poderosas para fines sagrados y amorosos, pero algunas de ellas son actualmente ilegales o demasiado peligrosas para recomendarlas. Hoy en día, los mejicanos se contentan con una serie de caldos locales realizados con una variedad increíble de frutas y plantas, como el agave usado en el pulque, el mezcal y el tequila. En Oaxaca añaden el gusano que libera agave en el mezcal, con la creencia que de que además es afrodisíaco. Pero el más famoso de los afrodisíacos de todo el mundo es la damiana (*Turnera aphrodisiaca*). Esta receta incorpora esta planta maravillosa a una bebida deliciosa, el jeque.

PREPARACIÓN

Vierte vino tinto en un vaso hasta la mitad, asegurándote de que la botella esté tapada con corcho. Rellénala con hojas de damiana y un par de pimientos rojos picantes. Tápala de nuevo con el corcho y colócala en un lugar cálido durante una semana. Comparte este vino con un amigo (a) íntimo (a).

Bella Margarita

*Un cóctel excitante que satisfará
tu sed de amor*

Necesitarás

tequila

jugo de lima

licor de naranja
triple seco

crema de damiana

cubitos de hielo

sal

Los cócteles se empezaron a tomar en Estados Unidos durante la Ley Seca y luego se fueron extendiendo rápidamente por el encanto, sofisticación, permisividad y placer que representan. Uno de los cócteles conocidos mundialmente como instrumento de seducción es el cóctel Margarita. Nadie sabe con certeza de dónde surgió su nombre, pero sabemos que apareció por primera vez en Ciudad de Méjico y Acapulco en los años cuarenta. La receta, conocida en todo el mundo, contiene tequila, jugo de lima y triple seco, pero algunas autoridades insisten en que los primeros Margaritas se realizaron con licor de damiana en lugar del «triple seco» –la damiana (*Turnera aphrodisiaca*) era una de las plantas afrodisíacas más famosas de Méjico. Toma una botella de licor de damiana (o hazla tu mismo con las instrucciones de la página 116) y tendrás el ingrediente misterioso para hacer uno de los filtros de amor más eficaces del mundo. Y no caigas en la tentación de mezclarlo con hielo triturado.

Preparación

Para hacer un buen Margarita, mezcla tres partes de tequila con tres de jugo de lima, una de licor de naranja triple seco (el mejor es el Cointreau) y otra de crema de damiana. Mézclalo todo con cubitos de hielo y viértelo en los vasos helados, con el borde forrado de sal. Procura no beber demasiado antes de llegar a tu objetivo.

Licor de Damiana

*El arma secreta de los antiguos
amantes mejicanos*

Necesitarás

30 g de hojas de
damiana

500 ml de
aguardiente o tequila

200 ml de agua
mineral

450 g de miel
una jarra de cristal
una botella de cristal

La damiana (*Turnera aphrodisiaca*), junto con el chocolate, es uno de los afrodisíacos preferidos por los mejicanos desde tiempos de los aztecas. Este pequeño y atractivo arbusto silvestre crece por todo Méjico. Ahora que se incluye en medicinas de todo el mundo, se cultiva a gran escala para su uso comercial. Hay muchas maneras de tomar damiana, aunque la más divertida es mezclada con alcohol. Existe un licor de damiana que se vende en botellas en forma de torso de mujer embarazada —en realidad se trata de la diosa precolombina de la fertilidad, las plantas afrodisíacas y el erotismo, Mayahuel. Es tradicional ofrecer una botella de licor de damiana a los recién casados como regalo de bodas, para que puedan beneficiarse de sus efectos. Con esta receta puedes hacer tu propio licor.

Preparación

Pon las hojas de damiana en la jarra y cúbrelas con el aguardiente mejicano (hecho con caña de azúcar) o el tequila. Sella la jarra y colócala en un lugar cálido y oscuro durante diez días. Cuela el contenido en una botella y devuelve las hojas a la jarra. Cúbrelas con el agua mineral durante dos días, después cuela el líquido en una sartén, caliéntalo a fuego bajo, añádele la miel y caliéntalo para que se disuelva. Enfríalo y añádelo a la botella con el extracto de alcohol. Este filtro mejora con el tiempo, así que antes de beberlo espera, como mínimo, un mes, durante el cual se volverá transparente. Decántalo y cuela el sedimento. Bébelo solo o con hielo.

KAVA

*Un tónico suave y mágico
de las islas de la Polinesia*

Necesitarás

30 g de raíz de kava
en polvo

500 ml de leche (con
preferencia de cabra)

hierba limonera

jengibre fresco

miel

Cuando el capitán Cook llegó por primera vez a las islas de la Polinesia, él y sus hombres se asombraron de la ingenuidad de sus habitantes, especialmente en materia amorosa. Los hombres quedaron inmediatamente cautivados por las mujeres isleñas —fue tal su entusiasmo que algunos no dejaron la isla ni siquiera al verse en peligro de muerte. Uno de los secretos de los isleños era un brebaje especial llamado kava. Éste era el centro de la vida social y cultural y una bebida de significado sagrado. Se preparaba, y actualmente continúa haciéndose, con la enorme raíz del arbusto de la kava. Su ingestión proporciona un estado de tranquilidad y bienestar que permite dormir sin pesadillas ni resaca. Sus propiedades calmantes y sutilmente estimulantes están haciendo que aumenta su reputación en Occidente, como tónico para compartir con la pareja.

PREPARACIÓN

Bate la raíz de kava en la leche. Añade un tallo de hierba limonera y un par de cortes finos de jengibre fresco. Calienta la leche ligeramente y, sin que llegue a hervir, déjala durante unos diez minutos, removiendo de vez en cuando. Endulza la mezcla con miel, al gusto, y prepárate para una velada deliciosa con tu pareja.

El filtro
más
atractivo

ABSENTA:
EL HECHIZO

La absenta tiene una reputación legendaria como licor debilitador, aunque era muy apreciado por los escritores y artistas bohemios del siglo XIX en Europa. Cuando llegó la primera guerra mundial, ya se había prohibido en varios países.

VERDE

Favorita de bohemios

La absenta apareció a finales del siglo XVII en Suiza como elixir medicinal hecho con varias plantas, incluso; anís estrellado, ajenjo, hisopo, hinojo, melisa, cilantro, manzanilla y verónica. El nombre latín del ajenjo, *Artemisia absinthium*, dio nombre a la poción. La bebida pronto se hizo popular como aperitivo y, sobre 1850, los franceses ya bebían más absenta que coñac. En esa época empezó a asociarse con artistas bohemios radicales como Baudelaire y Rimbaud, que escandalizaban a la sociedad política con sus experimentos con el opio y el hachís y escribieron alabanzas a favor de la absenta como musa creadora y liberadora.

¿Debilitante o liberadora?

Aunque era amada por algunos, otros consideraron la absenta como una droga maléfica, y pronto se la ligó a la degeneración. Su principal problema consistía en que era barata y muy fuerte —con alrededor de un 70% de alcohol. También contiene un componente que estimula el sistema nervioso central y, si se abusa de ella, puede perjudicarlo. Tomada con moderación, no obstante, es una poción maravillosa que promueve la intimidad y libera la imaginación, al tiempo que su perverso pasado le proporciona un toque excitante.

Una variante segura y deliciosa

La absenta está prohibida en varios países, pero puedes hacer tú mismo una variante similar. En una botella de un litro de capacidad coloca 15 g de cada uno de los siguientes componentes: hinojo, anís, de hisopo y hierba luisa, junto con 7 g de ajenjo. Cúbrelo con 700 ml de vodka, sella la botella y guárdala en un lugar cálido y oscuro durante dos semanas; agítala de vez en cuando. Cuela la mezcla y embotéllala. Bebe el licor con hielo y agua y disfruta de tus romances secretos.

121

Directorio de Plantas e Ingredientes

Absenta Fuerte licor anisado que contiene ajenjo. Prohibido en varios países.

Aceite de germen de trigo Aceite muy rico que proviene de los granos de trigo. Contiene vitamina E y se usa como antioxidante.

Ácido cítrico Ácido natural derivado de los cítricos. Se vende en forma cristalina o en polvo.

Acónito (*Aconitum napellus*) Flor de jardín originaria de Europa. Sus raíces contienen un veneno llamado acónito que se usa en medicina.

Agripalma (*Leonuris cardiaca*) Una de las hierbas clásicas para las mujeres, originaria de Europa.

Agua lustral Agua purificadora que se usaba en diversas ceremonias druidas.

Aguardiente Licor mejicano que se extrae de la caña de azúcar. Se puede obtener comercialmente.

Aguileña (*Aquilegia vulgaris*) Planta silvestre europea, usada ahora como planta de jardín.

Ajedrea (*Satureja hortensis*) Hierba culinaria con reputación de afrodisíaca.

Ajenjo (*Artemisia absinthium*) Aromática y muy amarga, esta planta medicinal es el principal ingrediente de la absenta.

Alcaravea (*Carum carvi*) Miembro de la familia de las umbelíferas. Se cultiva por sus semillas aromáticas.

Almizcle Sustancia producida por el carnero almizclero y algunos otros animales. Es muy apreciada como perfume, y en la actualidad se puede producir de manera sintética.

Anémona (*Anemone spp.*) Género de plantas con flor de la familia de las ranunculáceas.

Anís (*Pimpinella anisum*) Semillas aromáticas de una planta del este de América.

Arañuela (*Nigella damascena*) Planta con bellas flores de color azul, común en Europa y Asia. Sus semillas se usan tanto en medicina como en recetas de cocina.

Artemisa (*Artemisia vulgaris*) Planta medicinal europea. Sus hojas aromáticas se usan para purificar espacios físicos y espirituales.

Avena silvestre (*Avena sativa*) Las semillas verdes (no maduras) de este cereal son valiosas como tónico para la libido.

Azafrán (*Crocus sativus*) Los estambres de esta especie, una vez secos, producen un afrodisíaco, como especias en medicamentos y como revitalizante de la sangre.

Bergamota (*Citrus bergamia*) Variedad de la naranja. De su corteza se extrae un aceite esencial.

Brezo (*Cytisus scoparius*) Arbusto alto con flores. Se usa en medicina para tratar el corazón.

Cardamomo (*Elettaria cardamomum*) Las vainas de esta planta son apreciadas por sus delicadas cualidades aromáticas.

Catuaba (*Anemopegma mirandum*) Hierba amazónica que se usa como afrodisíaco.

Centaura (*Centaurea cyenus/montana*) Dos especies separadas aunque similares de una flor silvestre europea. Ambas se emplean en pociones amatorias.

Chartreuse verde Licor de hierbas que empezó a fabricarse en el siglo XVIII por los monjes de la Cartuja. Su receta es un secreto guardado celosamente.

Chipre Nombre genérico para un tipo especial de perfume. Originalmente se realizaba con varios ingredientes de la isla de Chipre.

Cilantro (*Coriandrum sadvum*) Miembro de la familia de las umbelíferas. Sus semillas se usan como especia.

Civeto Miembro de la familia de los gatos. El macho produce una sustancia almizclada que se usa como ingrediente de muchos perfumes.

Clavo

(*Eugenia caryophylus*) Flores secas del clavero. Poderosas y pungentes, se usan como especia.

Coca (*Erythoxylum coca*) Arbusto perenne de los Andes de Sudamérica que se ha empleado medicinalmente durante siglos.

Cola de caballo (*Equisetum arvense*) Este helecho crece por todo el hemisferio norte y se ha usado en medicina durante siglos.

Comino (*Cuminum cyminum*) Miembro de la familia de las umbelíferas y pariente del cilantro y la alcaravea.

Copal (*Copaifera lansdofii*) Resina de una especie sudamericana de la copaiba. Usado como incienso ceremonial en Latinoamérica.

Cubeb (*Piper cubeba*) Tipo de pimienta muy picante que se emplea comúnmente en la cocina de Indonesia.

Damiana o Turnerasia (*Tumera diffusa, aphrodisiasca*) Arbusto de Méjico y sur de Estados Unidos.

Danto (*Roupala montana*) Especie de árbol de goma caribeño.

Dong quai (*Angelica sinensis*) También escrita «Dang gui» y conocida como angélica china, es una hierba importante para las mujeres.

Directorio

Esclarea (*Salvia sclarea*) Miembro de la familia de las lamiáceas. Sus aceites esenciales se usan en perfumes como sustituto del almizcle.

Flor de pascua (*Pulsatilla spp*). Género de flores originarias de Europa.

Gálbano (*Ferula galbaniflua, syn. gummosa*) Pequeña planta perenne originaria del norte de Asia menor. Sus resinas se aprecian en la fabricación de perfumes.

Ginseng americano (*Panax quinquefolim*) Pariente próximo del ginseng chino, considerado un poco más suave.

Ginseng chino (*Panex ginseng*) El ginseng «original», la raíz del cual es considerada por los chinos como una panacea. Es algo estimulante.

Granos del Paraíso (*Aframomum melegueta*) Especia aromática que se usa en la cocina africana y caribeña y que es considerada afrodisíaca.

Hierba centella (*Primula veris*) Flor silvestre europea.

Hierba de la fiebre (*Gratiola officinalis*) Planta europea con flores que se usaba en la antigüedad como medicina.

Hierba de Paris (*Paris quadrifolia*) También conocida como «amor verdadero», o «nudo del amor verdadero». Se emplea en encantamientos amatorios.

Hierba del asno (*Oenothera biennis*) Flor europea. El aceite que se extrae de sus semillas se usa para tratar problemas de piel.

Hierba limonera (*Cymbopogon citratus*) Hierba aromática amarga que se usa en la cocina tailandesa y en Occidente para especiar el té.

Hinojo (*Foeniculum vugare*) Miembro de la familia de las umbelíferas. Su bulbo se consume como verdura, mientras que sus semillas se utilizan como especia.

Hisopo (*Hyssopus officinalis*) Hierba medicinal antigua que se usa como ingrediente del Chartreuse y la absenta.

Hoja de plata (*Stillingia sylvatica*) La raíz de esta hierba originaria de Norteamérica se utiliza en tónicos para la piel.

Incienso (*Boswellia sacra*) Resina aromática que exuda, en forma de gotas, un árbol de Arabia. También se conoce como olíbano.

Jazmín (*Jasminum officinale*) Enredadera de hoja caduca con flores aromáticas que se usan en perfumes y en tés.

Kahlua Delicado licor de café.

Kawa (*Piper methysticum*) Las raíces de este arbusto de la Polinesia se usan para hacer caldos ceremoniales de propiedades excitantes.

Laurel (*Laurus nobilis*) Hojas del árbol de laurel, usadas comúnmente para cocinar.

Lavanda (*Lavandula angustifolia*) Hierba aromática cuyos aceites esenciales se usan

en aromaterapia. También posee propiedades antibióticas e insecticidas. Sus flores secas se utilizan para hacer té.

Levadura Hongo que se emplea para hacer crecer la masa de pan y fermentar el azúcar hasta obtener alcohol.

Liláceas (*Lilium spp.*) Familia de plantas con flor.

Linaria (*Linaria vulgaris*) Planta europea con flores amarillentas.

Lino (*Linum usitatissimum*) Planta de tamaño mediano con flores azules preciosas. Se cría comercialmente por sus semillas y su fibra.

Madera de sándalo (*Santalum album*) El corazón de este árbol tropical proporciona un aceite aromático muy valorado que se aprecia en varios perfumes.

Malvavisco (*Althea Officinalis*). Hierba medicinal originaria de Europa.

Mandrágora (*Mandragora officinarum*) Planta extraña y misteriosa del Viejo Mundo, envuelta en leyendas y folklore.

Melisa (*Melissa officinalis*) Hierba medicinal que se usa para calmar a niños hiperactivos.

Milhojas (*Achillea millefolium*) Flor silvestre valorada por sus propiedades medicinales y adivinatorias.

Mirra (*Commiphora myrrha*) Resina aromática que exuda en forma de gotas un arbusto originario de Arabia.

Muira Puama (*Liriosoma ovata*) Árbol originario de Brasil. Su raíz se usa como

tónico y afrodisíaco.

Naranjo amargo (*Citrus aurantium*) Aceite esencial especialmente caro que se obtiene de las naranjas amargas. Posee cualidades reju-venecedoras para la piel.

Olíbano Ver incienso.

Orquídeas (*Orchidaceae spp.*) Familia de plantas con flor. Algunas especies están consideradas afrodisíacas debido a la forma de sus bulbos.

Pachulí (*Pogestemon patchoulí*) Hierba fragante tropical. Sus aceites esenciales se usan en la elaboración de perfumes. Es excitante en dosis pequeñas y sedante en dosis grandes.

Palma de abanico (*Sabal serrulata*) Palmera pequeña del sur de la costa atlántica de los Estados Unidos. Sus bayas se emplean en tónicos para la próstata.

Paulinia (*Paullinia cupana*) Planta amazónica cuyas semillas aumentan el deseo sexual.

Pervinca (*Vinca minor/major*) Planta con flores común en Europa. Se usa en medicina y también en encantamientos

Pie de león (*Alchemilla vulgaris*) Planta que se utiliza para tonificar el sistema reproductor femenino.

Piñones Semillas del pino que se consideran afrodisíacas.

Primavera (*Primula vulgaris*) o vellorita. Flor de color amarillo pálido que crece en Europa en primavera.

Salvia (*Salvia officinalis*) Planta culinaria y medicinal. Sus hojas y estambres secos pueden ponerse en un quemador de incienso para purificar el aire.

Satirión El afrodisíaco más famoso en la Europa clásica. Actualmente extinguido, era tal vez una especie de orquídea.

Sauzgatillo (*Vitex agnus-castus*) También llamado agnocasto. Las semillas de este arbusto se usan para regular las hormonas.

Tabaco (*Nicotiana tabacum*) Muchas variedades de este género poseen preciosas flores.

Telefio (*Sedum telephium*) Planta europea silvestre que crece en zonas sombreadas. Se emplea en encantamientos de amor.

Trinitaria (*Viola tricolor*) Conocida también como pensamiento silvestre. Se usa en encantamientos de amor.

Valeriana americana (*Cypridium parvifllorum, var. pubescens*) Miembro pungente de la familia de las orquídeas.

Verbena (*Verbena officinalis*) Hierba medicinal originaria de Europa y América. Se usa en hechizos amatorios y su poder es máximo cuando acaba de florecer.

Violeta (*Viola odorata*) Flor de olor dulzón y delicado, de origen europeo. Se emplea en conjuros de amor.

Yin yang huo (*Epimedium sagittatum*) Planta afrodisíaca muy potente procedente de China.

Ylang-ylang (*Cananga odorata*) De las hojas de este árbol tropical se extrae un aceite esencial que se utiliza para hacer perfumes.

Yohimbe (*Pausinystalia yohimbe, syn. Corynanthe yohimbe*) La corteza de este árbol perenne del oeste de África se usa como afrodisíaco. Es la única planta con propiedades afrodisíacas aceptadas por los farmacólogos ortodoxos.

Yohimbina Droga derivada de la yohimba (ver arriba), con propiedades afrodisíacas probadas. Se vende comercialmente.

Zarzaparrilla (*Smilax officinalis*) Planta del Nuevo Mundo usada por los nativos americanos. Su raíz se emplea hoy en día en todo el mundo como tónico.

Índice

CRÉDITOS

Quarto desea agradecer a Jasmin de BMA su
colaboración como modelo. También agradece a
Healthpack Ltd. haber facilitado detalles para las
fotografías.

Todos los derechos de las
fotografías y de las
ilustraciones son propiedad de
Quarto Publishing Inc.